BEI GRIN MACHT SICH IHR
WISSEN BEZAHLT

- Wir veröffentlichen Ihre Hausarbeit,
  Bachelor- und Masterarbeit

- Ihr eigenes eBook und Buch -
  weltweit in allen wichtigen Shops

- Verdienen Sie an jedem Verkauf

Jetzt bei www.GRIN.com hochladen
und kostenlos publizieren

Bibliografische Information der Deutschen Nationalbibliothek:

Die Deutsche Bibliothek verzeichnet diese Publikation in der Deutschen National-
bibliografie; detaillierte bibliografische Daten sind im Internet über http://dnb.d-
nb.de/ abrufbar.

Dieses Werk sowie alle darin enthaltenen einzelnen Beiträge und Abbildungen
sind urheberrechtlich geschützt. Jede Verwertung, die nicht ausdrücklich vom
Urheberrechtsschutz zugelassen ist, bedarf der vorherigen Zustimmung des Verla-
ges. Das gilt insbesondere für Vervielfältigungen, Bearbeitungen, Übersetzungen,
Mikroverfilmungen, Auswertungen durch Datenbanken und für die Einspeicherung
und Verarbeitung in elektronische Systeme. Alle Rechte, auch die des auszugsweisen
Nachdrucks, der fotomechanischen Wiedergabe (einschließlich Mikrokopie) sowie
der Auswertung durch Datenbanken oder ähnliche Einrichtungen, vorbehalten.

Impressum:

Copyright © 2015 GRIN Verlag, Open Publishing GmbH
Druck und Bindung: Books on Demand GmbH, Norderstedt Germany
ISBN: 978-3-668-02147-1

Dieses Buch bei GRIN:

http://www.grin.com/de/e-book/303642/zen-buddhismus-im-westen-der-wandel-
einer-tradition

Tim Mauch

Zen-Buddhismus im Westen. Der Wandel einer Tradition

GRIN Verlag

GRIN - Your knowledge has value

Der GRIN Verlag publiziert seit 1998 wissenschaftliche Arbeiten von Studenten, Hochschullehrern und anderen Akademikern als eBook und gedrucktes Buch. Die Verlagswebsite www.grin.com ist die ideale Plattform zur Veröffentlichung von Hausarbeiten, Abschlussarbeiten, wissenschaftlichen Aufsätzen, Dissertationen und Fachbüchern.

Besuchen Sie uns im Internet:

http://www.grin.com/

http://www.facebook.com/grincom

http://www.twitter.com/grin_com

Droste-Hülshoff-Gymnasium Rottweil

Zen und die Zeit in Tradition und Moderne

Tim Mauch

Inhaltsverzeichnis

Einleitung

Mehr Selbstkontrolle, größere Freundlichkeit, weniger Depressionen, weniger Stress, verbesserte Konzentration. Sind das nicht alles Fähigkeiten die man sich in der westlichen, von Stress, Depression und hohen Ansprüchen bestimmten Welt aneignen will? Die einfache Lösung des Problems: Meditation. Aber ist diese wirklich so wirkungsvoll, wie sie in den Medien dargestellt wird? In einer diesjährigen Ausgabe der "Times"[1] berichtet ein Artikel über die verschiedenen Auswirkungen von Meditation auf die Leistungsfähigkeit und die Psyche von Schulkindern. Das Ergebnis: Die Kinder weisen ein besseres soziales Verhalten auf, schreiben bessere Noten in Mathe, die Symptome von ADHS (Aufmerksamkeitsdefizitsyndrom) bessern sich, die Kinder haben eine erhöhte Selbstkontrolle und Aufmerksamkeit und leiden weniger unter Depression. Ergebnisse dieser Art werden immer häufiger in Fernsehen, Zeitung usw. veröffentlicht und sind sogar wissenschaftlich und medizinisch nachgewiesen. Ist Meditation also ein Wunderheilmittel gegen die Krankheiten der westlichen "modernen" Gesellschaft?

Eine im Westen sehr beliebte und ebenfalls als sehr effektiv angesehene Form der Meditation ist die Zen-Meditation. Immer wieder hört man von Kursen für Manager, welche die Konzentration steigern, den Alltagsstress abbauen und die Gesamteffektivität steigern sollen.

Ihren Ursprung hat diese Form der Meditation, so wie viele andere Meditationsarten auch, in Asien. Die Kultur Chinas, Japans, Südkoreas und anderer ostasiatischer Staaten wurde durch den so genannten Zen-Buddhismus stark geprägt.

Aber wo besteht nun der Zusammenhang von Zen zur Zeit? Und besteht dieser Zusammenhang sowohl im fernöstlichen Zen-Buddhismus, als auch in der modernisierten westlichen Form des Zen bzw. ist er in beiden Kulturen der Selbe?

Diese Frage will ich während meiner Seminararbeit genau untersuchen bzw. feststellen ob überhaupt ein Zusammenhang zwischen Meditation und Zeit besteht. Dazu habe ich meinen Hauptteil in drei Unterpunkte gegliedert. Zunächst

---

[1] Mandy, Oaklander: Mini Meditators, in: Time (2015), VOL. 185, Nr. 5, S. 45

will ich ein allgemeines Grundwissen über die Meditation an sich vermitteln. Wie kann man Meditation definieren, wo hat sie ihre Wurzeln bzw. ihren Ursprung und welche Arten der Meditation gibt es?

Danach werde ich genau auf den Zen-Buddhismus eingehen. Zuerst in seiner traditionellen Form, dann in der westlichen, modernisierten Form. Hierbei will ich auf Gründe, Praktiken, Ziele, Lebensweise usw. der Meditierenden der jeweiligen Kultur eingehen. Zudem habe ich eine Umfrage durchgeführt welche weiteren Aufschluss über Absichten und Ziele der Zen-Meditierenden im Westen geben soll. Die daraus gesammelten Informationen sollen Aufschluss darüber geben, inwiefern die Zen-Meditation mit der Zeit bzw. der Zeitwahrnehmung der Meditierenden zusammenhängt und wie sich dieser Zusammenhang von der traditionelle Form des Zen-Buddhismus zu seiner modernisierten in Europa, Amerika und Australien ausgeführten Form unterscheidet.

Zum Schluss der Seminararbeit werde ich die Ergebnisse, in einen Zusammenhang zur Zeit setzen und in einem Fazit verdeutlichen, welche Auswirkungen Zen-Meditation nun auf die Zeit bzw. die Zeitwahrnehmung des Meditierenden hat.

1 Was ist Meditation?

1.1 Allgemeine Definition

Das Wort leitet sich vom Lateinischen "meditatio" ab, was wörtlich übersetzt "nachsinnen", "besinnen", "überlegen" bedeutet.

Wissenschaftlich ausgedrückt ist die Meditation eine spirituelle Praxis, bei welcher der Geist vor allem durch Achtsamkeits- und Konzentrationsübungen "beruhigt" beziehungsweise "gesammelt" werden soll. Dadurch sollen bewusstseinserweiternde Zustände erreicht werden. Deren Beschreibung ist jedoch nicht klar definiert. Häufig werden sie mit Ausdrücken wie "Im Hier und Jetzt sein", "Leere" oder "Eins sein" beschrieben.

Jedoch kann man Meditation nicht wissenschaftlich definieren. Die Wissenschaft legt sich genau fest und lässt keine Abweichungen zu. Meditation ist nicht auf einen bestimmten Zustand festzulegen oder durch *Ein* Adjektiv zu beschreiben. Um dies zu verbildlichen beziehe ich mich auf das Buch: "Meditation für Dummies"[2]. Hier wird die Meditation mit der Reise auf einen Berg verglichen. Der Gipfel ist das Ziel. Jedoch kann man verschiedene Routen nehmen, welche auf den Gipfel führen. Dies liegt daran, dass sich über die Jahrtausende hunderte Meditationstechniken *(Kapitel 3)* entwickelt haben.

Die Erfahrungen beim Erreichen des Ziels (oder des Gipfels) wird häufig mit Erleuchtung, Erwachen, Freiheit usw. beschrieben. Sie sind genau so wenig definiert, wie der Weg zum Ziel (oder auf den Gipfel). Diese Erfahrungen sind jedoch eher auf die spirituellen und mystischen Wurzeln der Meditation zurückzuführen. Im "modernen Westen" ist das Ziel der Meditation vielmehr das Entgegenwirken so genannter "moderner Krankheiten", wie Stress, Depression usw.

Die wesentlichen Punkte der Meditation, auf die sich alle Meditationsarten zurückführen lassen sind immer gleich:

- Man muss sich auf das Wesentliche konzentrieren. Dies kann je nach Meditationsart der Atem sein, ein Wort, welches man ständig wiederholt, eine bestimmte Bewegung und so weiter. Man kann sogar beim Geschirrspülen meditieren, wenn man sich voll darauf konzentriert.
  Die Konzentration liegt also auf dem, was im Augenblick getan wird. Man soll äußere Störungen nicht berücksichtigen und sozusagen mit der durchgeführten Aktivität "Eins werden".
- Man muss die Achtsamkeit fokussieren bzw. lenken.
- Bei Ablenkung wieder zur Konzentration zurückfinden. Wenn man sich auf seinen Atem konzentriert und von einem Geräusch (oder anderem) abgelenkt wird, muss man seine Konzentration wieder auf den Atem zurückführen.
- Zur inneren Mitte finden. Meditation soll also zur Harmonie mit sich selbst und seiner Umwelt führen.

---

[2] Buch: "Meditation für Dummies"; S. 29-31; nähere Angaben im Literaturverzeichnis

1.2 Konzentration, Achtsamkeit und Kontemplation

Im oben beschriebenen Text sowie im weiteren Verlauf der Seminararbeit werde ich mehrfach die Wörter Achtsamkeit, Konzentration und Kontemplation verwendet. Um Missverständnisse zu vermeiden will ich die Begriffe im Folgenden kurz definieren:

- Konzentration (lat.: concentra, "zusammen zum Mittelpunkt") ist die absichtliche Fokussierung der Aufmerksamkeit auf Eine gegenwärtige "Sache". Dies kann ein Gedanke, ein Objekt etc. sein.[3]
- Achtsamkeit ist ebenfalls eine bestimmte Form der Aufmerksamkeit, welche willkürlich, auf den gegenwärtigen Augenblick gerichtet und nicht wertend sein soll.[4]

Trotz dieser ähnlichen Definitionen sind Achtsamkeit und Konzentration voneinander abzugrenzen. Während Konzentration bedeutet, dass man die Aufmerksamkeit auf eine bestimmte "Sache" fokussiert, bedeutet Achtsamkeit alles Augenblickliche wahrzunehmen, jedoch nicht daran zu haften.

- Kontemplation (lat. contemplari, "anschauen, "betrachten") wird im Duden auf zwei Bedeutungen zurückgeführt:
  - ➤ "(bildungssprachlich) konzentriert-beschauliches nachdenken und geistiges sich versenken in etwas" [4]
  - ➤ "(Religion) innere Sammlung und religiöse Betrachtung; Versenkung"[5]

Die Kontemplation ist also ein Zustand der konzentrierten Betrachtung eines Sachverhaltes, bei welcher man sich in Diesen hineinversetzen soll.

2 Ursprünge der Meditation

2.1 Erste Formen der Meditation

Die ersten Formen der Meditation sind allesamt auf spirituelle Wurzeln zurückzuführen. Bevor die Meditation Beachtung im Westen fand waren die

---

[3] http://de.wikipedia.org/wiki/Konzentration_(Psychologie); am 12.04.2015.

[4] http://de.wikipedia.org/wiki/Achtsamkeit#Definitionen_von_Achtsamkeit; am 12.04.2015.

[5] http://www.duden.de/rechtschreibung/Kontemplation; am 04.04.2015.

Praktiken streng gehütete Privilegien, welche vielen Menschen vorenthalten wurden.

Die Meditation taucht erstmals in der schamanischen Tradition auf (Schamanismus ist die erste Form religiösen Denkens. Er kann jedoch trotz bestehender Parallelen wie Göttern und Geistern, nicht direkt mit einer Religion verglichen werden), wo die Schamanen (Menschen die im Schamanismus als "Medizinmänner", "Zauberer", etc. angesehen wurden) durch bestimmte Praktiken Trancezustände erreichen wollten. Diese wurden beispielsweise über rhythmisches Trommeln, Tanzen oder Singen, jedoch auch durch konsumieren von Halluzinogene erreicht. Das Ziel war den Körper verlassen zu können und somit als Vermittler zwischen "Geistern" und Menschen zu dienen.

In Indien ist die Meditation erstmals in der Vedischen Religion (Älteste Religion Indiens, deren Schriften in den Veden enthalten sind) vor ca. 5000 Jahren erwähnt. Die in den Veden enthaltenen "Upanishaden" beschreiben wie man Erkenntnis des Göttlichen durch ein der Meditation ähnliches Praktizieren erlangt. Aus diesen Schriften bildeten sich zunächst Yoga und Buddhismus heraus.

Auch im Christentum ist die Meditation vor allem in den mystischen Traditionen vertreten. Sie ist hier auf Jesus selbst zurückzuführen, welcher 40 Tage lang in der Wüste fastete und betete. Im Mittelalter entstandene Schriften wurden ebenso wie die Mystiker durch die Inquisition verboten und verfolgt. Ziel der Meditation im Christentum ist die innere Erfahrung Gottes. In der Praxis werden verschiedene Passagen der Bibel wiederholt, wobei jedoch nicht über eine innere Bedeutung dieser nachgedacht werden soll. Eine Methode die bis heute im Christentum angewendet wird ist das "Rosenkranz- beten".

2.2 Der Ursprung und die Lehre des Buddhismus

Im Folgenden will ich jedoch näher auf den Buddhismus eingehen, da dieser viele Parallelen zum Zen-Buddhismus aufweist und für ein gründlicheres Verständnis des Zen erforderliche ist.

Der Buddhismus ist auf Siddhartha Gautamas bzw. Buddha selbst zurückzuführen. Als Buddha (wörtlich: "der Erwachte") bezeichnet man im Buddhismus allgemein einen Menschen der die Erleuchtung (Sanskrit: "Bodhi") erfahren hat. Siddhartha Gautamas wuchs in sehr wohlhabenden Verhältnissen auf und wurde von seinem Vater in einem Palast von der "armen" Außenwelt isoliert. Der Legende nach soll Siddhartha im Alter von 29 Jahren bei Spazierfahrten erstmals mit Alter, Krankheit, Tod und Askese konfrontiert worden sein, was ihn dazu bewegte seine Familie zu verlassen und als Asket nach "der endgültigen Erlösung vom Leid" zu suchen. Auf der Suche nach der Erlösung unterzog sich Siddhartha extremen Meditationspraktiken, durch welche er beinahe starb. Unter einem heute sogenannten "Bodhi- Baum" erlangte Siddhartha in tiefer Versenkung die Erleuchtung. Er hatte nun das Nirwana (wörtlich: verwehen, verlöschen; bedeutet im Buddhismus das Entkommen aus dem ewigen Kreislauf des Lebens [Sanskrit: Samsara] und somit auch die Erlösung vom Leid) erreicht.

Die Lehre des Buddhismus (Sanskrit: Dharma) ist in den "vier Edlen Weisheiten" niedergeschrieben. Diese besagen:

- Die erste edle Wahrheit:
  Das Leben des "Unerleuchteten" ist durch Geburt, Alter, Krankheit und Tod von Leiden geprägt
- Die zweite edle Wahrheit:
  Dieses Leid entsteht durch Gier, Hass und Verblendung
- Die dritte edle Wahrheit:
  Durch das Vermeiden dieser Ursachen, vermeidet man auch das Leiden und es entsteht Glück
- Die vierte edle Wahrheit:
  Dieses Glück kann durch die Befolgung des "edlen achtfachen Pfades" (Der "edle achtfache Pfad" wird von allen Buddhistischen Schulen als gemeinsamer Lehrinhalt angesehen) erlangt werden[6]

"Der Edle achtfache Pfad" besagt: 1. Rechte Erkenntnis; 2. Rechte Gesinnung; 3. Rechte Rede; 4. Rechtes Handeln; 5. Rechter Lebenswandel; 6. Rechtes Streben; 7. Rechte Achtsamkeit und 8. Rechte Sammlung.[7]

Der "Edle achtfache Pfad" soll der "Pfad" zur Erlösung vom Leiden sein und ist teilweise vergleichbar mit den Zehn Geboten im Christentums. Er weist den nach

---

[6] http://de.wikipedia.org/wiki/Vier_Edle_Wahrheiten; am 30.03.2015.

[7] Buch: "Wege der Freiheit"; S. 64- 65.

Erlösung Suchenden an, wie er sich in den Bereichen Ethik, geistiger Disziplin und Weisheit verhalten soll.

Die Lehre des Buddhismus besagt also, dass jedes Lebewesen den ewigen leidvollen Kreislauf des Lebens durch Tod und Wiedergeburt unterworfen ist (Sanskrit: Samsara). Durch die Erleuchtung bzw. das Erwachen (Sanskrit: Bodhi) kann man diesem Kreislauf entkommen (Sanskrit: Nirwana).

Nach dem Tod Buddhas wurde seine Lehre von seinen Schülern weiterverbreitet und spaltete sich daraufhin in verschiedene Schulen auf:

Die älteste dieser Schulen ist der Hinayana- Buddhismus (wörtlich: kleines Fahrzeug). Dieser spaltete sich wiederum in verschiedene Richtungen auf, wobei der Theravada (wörtlich: Lehre der Älteren) die einzige heute noch bestehende Richtung ist.

Der Mahayana- Buddhismus (wörtlich: großes Fahrzeug) kann zusammen mit dem Hinayana- Buddhismus als eine der Hauptrichtungen des Buddhismus gesehen werden. Aus dem Mahayana leitete sich später unter anderem der Zen-Buddhismus ab.

3 Meditationsarten

Über die Jahrtausende haben sich hunderte Meditationsarten bzw. Techniken entwickelt. Diese unterscheiden sich zum einen in ihrer traditionellen, religiösen Herkunft, zum anderen aber auch in den einzelnen Traditionen durch verschiedenen Schulen und Lehren, in welche sich diese aufteilen. So ist beispielsweise der Buddhismus in verschiedene Schulen aufgeteilt, welche sich durch ihre Meditations- Techniken unterscheiden, jedoch die Gleiche Lehre befolgen *(Kapitel 2.2)*

Seit Beginn der 70er Jahre bildeten sich auch in Europa und Amerika, von den fernöstlichen Traditionen abgeleitete und an die westlichen Werte angepasste Meditationsformen.

Man kann die Meditation grob in zwei Hauptgruppen aufteilen:

- Die passive Meditation, bei welcher der Fokus auf dem sitzen in Stille gerichtet ist (auch kontemplative Meditation)

- Die aktive Meditation, bei welcher die Meditationspraxis aus körperlicher Aktivität besteht

3.1 Passive Meditation

Häufig wird die Meditation im Westen nur mit diesem Weg verknüpft, da wir das Bild des sitzenden Buddha im Kopf haben. Bei der passiven Meditation sollen die Gedanken und geistigen sowie körperlichen Empfindungen beruhigt sein. Sie sollen wahrgenommen, aber es soll nicht an ihnen angehaftet werden. Einige Beispiele, wie die passive Meditation ausgeführt werden kann sind im Folgenden aufgelistet:

- Stille- und Ruhemeditation: Diese Meditationspraxis entwickelte sich in vielen Kulturen und Religionen (unter anderem auch im Christentum). Sie wird, wie der Name schon sagt und wie auch die meisten anderen passiven Meditationsarten, in Ruhe durchgeführt.
- Achtsamkeits- und Einsichtsmeditation: Diese Meditationspraxis ist eine der beliebtesten im Westen. Sie stammt vom Buddhismus ab und wird unter anderen im Zen-Buddhismus angewendet *(Kapitel 4.3.1)*. Die Achtsamkeit soll vollkommen auf den geistigen, körperlichen und emotionalen Prozessen im gegenwärtigen Augenblick liegen. Diese sollen jedoch nicht bewertet werden bzw. es soll nicht an ihnen angehaftet werden.
- Transzendentale Meditation: Diese leitet sich von der vedischen Tradition ab (älteste Religion Indiens) und ist vereinbar mit allen Religionen und Weltanschauungen, was sie ebenfalls zu einer sehr beliebten Meditationsmethode macht. Hilfsmittel ist ein Wort, welches jedoch (im Gegensatz zu anderen Meditationstechniken) ohne Konzentration bzw. Kontemplation betrachtet werden soll.

3.2 Aktive Meditation

Bei der aktiven Meditation soll das Bewusstsein ebenfalls in der Gegenwart sein. Die Aktivität soll nur vom Bewusstsein eingenommen werden. Man soll sich keine weiterführenden Gedanken über die auszuführende Bewegung oder das zu sprechende Wort machen. Im Folgenden sind einige Beispiele aufgeführt, in welchen Traditionen die aktive Meditation ausgeführt wird:

- Zen-Buddhismus: Neben des passiven Zazen *(Kapitel 4.3.1)* werden im Zen-Buddhismus auch aktive Meditationspraktiken ausgeführt. Beispiele dafür sind unter anderem die Gehmeditation (Kinhin), die Teezeremonien (Sado) die Gartengestaltung im Zen (Zengarten) oder das Bogenschießen (Kyndo). Anhand der aktiven Meditation des Bogenschießens will ich erläutern, wie die aktive Meditation zu verstehen ist. Anstatt an mögliche Folgen oder ähnliches nachzudenken, konzentriert sich der Zen-Mönch ausschließlich auf den Bewegungsablauf den er beim Bogenschießen durchführen soll. Andere Gedanken oder äußere Einflüsse werden nicht bewusst wahrgenommen. So liegt auch hier die Konzentration vollkommen im gegenwärtigen Augenblick.
- Eine sehr bekannte und im Westen beliebte Form der aktiven Meditation ist Yoga. Hierbei führt man verschiedene Körperhaltungen, Atemtechniken oder Fastenzeiten durch.
- Ebenfalls als aktive Meditation anzuerkennen sind mache Kampfkünste.

3.3 Weiterer Verlauf: Zen-Buddhismus

Im weiteren Verlauf meiner Seminararbeit will ich nun ausschließlich auf den Zen-Buddhismus eingehen. Dies bietet sich aus mehreren Gründen sehr gut an. Zum einen ist er bis zu den Ursprüngen des Buddhismus zurückzuführen und somit in seinen Ursprungsländern sehr traditionell und tief verankert in die dortige Kultur. Zum anderen ist die Zen-Meditation aber auch eine der weltoffensten und von der Grundidee simpelsten Meditationspraktiken die es gibt. Dies verhalf ihm zu großer Beliebtheit im Westen. Aus diesem Grund bietet er sich sehr gut für einen Vergleich in den verschiedenen Kulturen (Fernöstlich bzw. traditionell und westlich bzw. modernisiert) an. Wie oben schon beschrieben werden im Zen-Buddhismus ebenfalls Meditationstechniken aus beiden Hauptgruppen durchgeführt (aktiv und passiv), was ihn vielfältiger und interessanter als viele andere Meditationsarten macht.

Welche Bedeutung die Zeit im Zen-Buddhismus in den verschiedenen Kulturen hat, will ich im Folgenden anhand einer genauen Erläuterung verschiedener Aspekte des Zen-Buddhismus in seiner traditionellen Form und in der westlichen, modernisierten Form darstellen.

4 Zen-Buddhismus

4.1 Was ist Zen-Buddhismus?

Die Antwort auf diese zunächst geradezu simpel klingende Frage ist für den westlich denkenden Menschen kaum zu verstehen bzw. zu begreifen. Einfacher wäre es zunächst darauf einzugehen was Zen nicht ist. Dies will ich anhand einer kurzen "Parabel" verdeutlichen:

" Ich sitze in meinem Zimmer. Meine Konzentration gilt einem Buch, welches sich mit der Geschichte des Zen auseinandersetzt. Ich lese Zeile für Zeile, Wort für Wort. Aus einem Zimmer nebenan tönt ein Staubsauger. Das Wetter ist schlecht und es windet stark. Ich spüre wie der Wind gegen die Fenster drückt. Eine Frau sammelt ihre herumfliegenden Klamotten ein. Am Ende der Seite fällt mir auf, dass ich Zeile für Zeile, Wort für Wort vergessen habe."

Wörtlich übersetzt bedeutet Zen Konzentration bzw. Meditation. Es ist bis zu den Ursprüngen des Buddhismus zurückzuführen. "Buddha" oder namentlich Siddhartha Gautama soll durch eine dem heutigen Zen ähnliche Meditationsart seine "Erleuchtung" erfahren haben *(Kapitel 2.2)*. Zen entstand in Südchina *(Kapitel 4.2.2)* und gelangte von dort unter anderem nach Japan, dessen Kultur dadurch stark beeinflusst wurde. Der Grund, weshalb Zen heute eine so große Beliebtheit in der Welt erlangte ist, dass es an kein besonderes soziales oder weltanschauliches System gebunden ist.

Was ist aber nun Zen? Diese Frage ist sehr schwierig zu beantworten. Dies liegt nicht daran, dass es keine Antwort auf die Frage gibt sondern ist darauf zurückzuführen, dass durch das "westliche", rationale Denken die Antwort oft nicht verstanden beziehungsweise begriffen wird. Auf der Wissensplattform "Wikipedia" wird erklärt, dass Zen "nichts" sei. So auch das Zitat des Zen-Meister Ikkyū Sōjun:

„Ich würde gerne irgendetwas anbieten, um Dir zu helfen, aber im Zen haben wir überhaupt nichts." [8]

In anderen Quellen [9] wird behauptet, dass Zen nicht zu definieren sei.

---

[8] http://de.wikipedia.org/wiki/Zen#Lehre; am 12.04.2015.

[9] Buch: "Wege der Freiheit"; S.70.

Wie kann man jedoch die Meditationspraxis, die über tausende Jahre erhalten blieb und die fernöstliche Kultur so stark beeinflusst hat, um letztendlich sogar im Westen an Bedeutung zu gewinnen, dennoch beschreiben?

Eine berühmte Erklärung auf diese Frage wird in folgender Geschichte wiedergegeben:

"Ein Meister wurde gefragt, was Zen sei. Er antwortete: 'Wenn ich esse, esse ich; wenn ich sitze, sitze ich; wenn ich gehe, gehe ich.' Darauf entgegneten verwundert die Fragenden: ' Das tun wir doch täglich auch!' Darauf der Meister: 'Nein, wenn ihr esst, steht ihr schon auf; wenn ihr sitzt, geht ihr schon..." [10]

Während des Zen soll folgender Bewusstseinszustand erreicht werden: Man soll sich in einem Zustand des "Nicht- Denkens" oder der "Leere" befinden. "Nicht-Denken" soll dabei nicht heißen, dass man vollkommen gedankenlos sein soll. Man soll sich jedoch nicht auf die Gedanken konzentriert, sondern sie wortwörtlich "vorbeischweifen" lassen. Die Konzentration soll in den meisten Fällen auf der Atmung und auf der Körperhaltung liegen *(Kapitel 4.3.1)* kann aber auch auf dem "Tun" (z.B. Autofahren, Putzen etc.) liegen. Man soll sich komplett auf den Augenblick, das "Hier und Jetzt" konzentrieren, oder wie Michael von Brück schreibt: *"Zen ist das Gegenwärtig sein im Augenblick"* [11] Jede Handlung soll "vollkommen", also mit voller Konzentration ausgeführt und wahrgenommen werden. Das rationale Denken soll überwunden werden. Man soll "Eins werden" mit seiner Umgebung, es soll keine Differenz zwischen Meditierendem und Umwelt bestehen. Alle dualistischen Unterscheidungen *(Kapitel 4.4)* sollen aufgehoben werden.

Als Ziel des Zen kann man einfach ausgedrückt "die Erleuchtung" *(Kapitel 4.4)* nennen. Aber was ist "die Erleuchtung"? Hierfür gibt es viele Beschreibungen. Im Buddhismus ist es die Erlösung vom menschlichen Leiden und das Erlangen unendlicher Weisheit. Der Buddhist glaubt an einen ewigen Kreislauf des Lebens, welches nur aus unumgänglichen Leid besteht. Erleuchtung bedeutet diesen Kreislauf zu durchbrechen und somit ins Nirwana zu gelangen. Alle Ursachen des Leidens sind aus dem Kopf des Erleuchteten entfernt. Erleuchtung wird ebenfalls

---

[10] Buch: "Zen, Geschichte und Praxis"; S. 16.
[11] Buch: "Zen, Geschichte und Praxis" ; S.17.

mit dem "Eins werden" beschrieben. Das heißt mit seiner Umwelt bzw. mit dem Universum zu "verschmelzen".

Andere Metaphern für diesen Bewusstseinszustand sind "das unendliche Glück", "Zeitlos aber doch ganz gegenwärtig" etc.

Man kann Zen auf viele verschiedene Arten praktizieren. Die Hauptmethode, mit welcher Zen praktiziert wird ist der sogenannte Zazen. Hierbei setzt man sich im Lotussitz *(Kapitel 4.3.1)* auf den Boden mit aufrechtem Rücken. Man sitzt nach Möglichkeit im Stillen und konzentriert sich voll und ganz auf seine Atmung und die Körperhaltung. Dabei soll man sich nicht ablenken lassen.

Die Praxis ist aber nicht ausschließlich auf Zazen zu beschränken sondern kann beispielsweise auch während des Bogenschießens ausgeführt werden. Hierbei liegt die volle Konzentration auf der Ausführung des Schusses. Man soll dabei mit dem Bogen bzw. mit seinem Ziel verschmelzen d.h. der Schuss soll nicht bewusst ausgeführt werden. Auch während alltäglicher Tätigkeiten kann Zen ausgeführt werden. So zum Beispiel auch wenn man sich vollkommen auf das Autofahren konzentriert, die Konzentration also im Augenblick, der Gegenwart liegt.

Im Zen wird die Lehre vom Meister zum Schüler übermittelt. Der Meister soll dem Schüler den Weg beziehungsweise das Ziel des Zen zeigen. Betreten und erreichen muss der Schüler den Weg beziehungsweise das Ziel jedoch selbst.

Symbolisch wird Zen häufig mit einem "Kreis" dargestellt. Er soll zugleich die "Leere" aber auch die Vollendung von Zen ausdrücken.

In der oben erzählten Parabel soll verdeutlicht werden, dass die Kunst des Zen ist, seine Konzentration voll und ganz zu fokussieren. Man soll während des Lesens ausschließlich lesen und nicht gleichzeitig von verschiedenen anderen Dingen abgelenkt werden.

4.2 Geschichte des Zen-Buddhismus

4.2.1 Ursprung des Zen Buddhismus

Die Entstehung von Zen lässt sich bis auf den Ursprung des Buddhismus zurückführen. So gesehen entstand Zen also mit der Erleuchtung Siddhartha Gautamas unter dem "Bodhi- Baum", nach welcher er die Lehre des Buddhismus verfasste *(Kapitel 2.2)*. Diese Erleuchtung erlangte er in einer dem Zazen *(Kapitel 4.3.1)* sehr ähnlichen Sitzposition.

Nach dem Tod Buddhas bzw. Siddhartha Gautamas, wurde seine Lehre von Mensch zu Mensch bzw. Meister zu Schüler weitergegeben. Die Menschen, welche die Lehre des Buddhismus übermittelten, werden als Patriarchen bezeichnet. Die Übermittlung von Patriarch zu Patriarch bezeichnet man als Übermittlungslinie. Dadurch, dass sich aus dem ursprünglichen Buddhismus nahezu unzählige Schulen abspalteten und somit auch viele Übermittlungslinien entstanden, ist die Rückverfolgung der Geschichte des Zen an manchen Stellen sehr unübersichtlich.

4.2.2 Chan in China

Aus dem Mahayana- Buddhismus *(Kapitel 2.2)* bildetet sich in China der so genannte "Chan" heraus.

523 vor Christus brachte der indische Mönch Bodhidarma, um dessen Person sich viele rätselhafte Mythen hüllen, seine Meditationspraxis in ein chinesische Shaolin- Kloster (Buddhistischer Mönchsorden). Dies gilt als Ursprung des Chan in China.

Die Lehre Bodhidarmas wurde daraufhin über verschiedene Patriarchen weitervermittelt. Als einer der wichtigsten dieser Patriarchen gilt Huineng, auf welchen sich viele verschiedene Schulen des Chan zurückführen lassen.

In der Frühzeit des Chan kam es zu einer Trennung in die Nord- und die Südschule. Diese unterschieden sich in ihrer Ansicht über das Auftreten der Erleuchtung. In der Nordschule glaubte man an eine allmählich auftretende Erleuchtung, in der Südschule hingegen sah man die Erleuchtung als eine plötzlich auftretende Erfahrung an. Im zeitlichen Verlauf setzte sich die Südschule jedoch durch.

Auf Huineng folgten verschiedene weitere Patriarchen, welche sich alle an der Südschule orientierten. Dazu gehören: Mazu Daoyi, Baizung Huaikai, Huangbo Xiyun und Lingji Yixuan[12]. Nachdem sich einige Schulen des Chan miteinander vereint hatten blieben die Schulen des Linji ("Chan des Sehens auf ein Gong'an"),

---

[12] http://de.wikipedia.org/wiki/Chan#Geschichte; am 12.04.2015.

wo die Hauptübung auf der Lösung sogenannter Gong'ans (jap. Koan; *Kapitel 4.3.2*) lag und die Caodong Schule ("Chan der schweigenden Erleuchtung") wo die Hauptübung auf der Meditation im Sitzen *(Kapitel 4.3.1)* lag.

4.2.3 Zen in Japan

Von China ausgehend breitet sich der Zen-Buddhismus immer weiter in Ostasien aus. In Japan war der Erfolg des Zen-Buddhismus ähnlich groß wie in China.

Ab der Mitte des 6. Jahrhunderts begann sich der Buddhismus in Japan immer stärker zu verbreiten und wurde schließlich zu einer der prägendsten Kulturen Japans.

Die erste sichere Nachricht von Zen in Japan stammt vom Buddha- Mönch Dosho, welcher laut Überlieferung eine Halle für die Zen-Meditation baute. Von ihm gingen jedoch keine Überlieferungslinien aus, weshalb dies noch nicht als die Geburtsstunde des Zen in Japan zu werten ist.

Als Begründer des Zen in Japan gilt Myoun Eisai. Er hatte Ende des 12. Jahrhunderts Chan in China studiert und daraufhin in Japan die Rinzai- Schule gegründet, welche auf eine der großen Schulen des Chan zurückzuführen ist.

Dogen Kigen der ebenfalls nach China reiste, übernahm nach seiner Rückkehr nach Japan (1227) einen Tempel, welchen er nach chinesischem Vorbild einrichtete und so immer mehr Anhänger gewann. Er gilt als Begründer der Soto-Schule, welche sich in den darauffolgenden Jahren, unteranderem durch die Besetzung verlassener Klöster immer weiter verbreitete, während die Rinzai-Schule an Bedeutung verlor. In der Soto- Schule kam der Praxis des Zazen *(Kapitel 4.3.1)* eine große Bedeutung zu.

Die größten Unterschiede zwischen beiden Schulen sind, dass im Rinzai- Zen neben Zazen auch Koans studiert werden, dazu kommt, dass im Soto- Zen nicht unbedingt auf die Erleuchtung gedrängt wird. Im Rinzai- Zen muss zudem die Erleuchtung durch einen Meister bestätigt werden, dies ist im Soto- Zen nicht unbedingt der Fall.

Aufgrund der Meji- Revolution (Schaffung eines neuen pol. Systems und Umstellung der Gesellschaftsordnung in Japan) wurde der Buddhismus in Japan über einige Jahre verfolgt und Buddhistische Tempel zerstört. Dies führte zu einem Wandel des Buddhismus in Japan. Soziale Tätigkeiten wurden stärker eingeführt und die Verschlossenheit der Klöster wurde gelockert. Dadurch wurde die Lehre und Praxis des Zen für Laien besser zugänglich. Ein weiterer Effekt in der Meji- Zeit war, dass die japanische Kultur für europäische und amerikanische Forschung freier zugänglich wurde. Somit fand Zen Eingang in die westliche Kultur und Literatur.

4.3 Zen-Praxis: Methoden und Lebensweise eines Zen-Klosters

Die Zen Praxis ist aufgeteilt in drei verschiedene Aspekte. Der erste Aspekt ist das Arbeiten an Koans *(Kapitel 4.3.2)* und das stundenlange Verweilen in der Zazen- Haltung *(Kapitel 4.3.1)*. Der zweite Aspekt der Zen-Praxis ist das sogenannte "Dokusan" (Persönliches Gespräch mit dem Lehrer), welches während intensiver Übungsphasen ("Sesshin"), bei denen teilweise mehrere Stunden bis Tage in der Zazen- Haltung verweilt wird, mehrfach täglich ausgeführt wird. Hierbei versucht der Lehrer den geistigen Zustand des Schülers zu "erspüren". Der dritte Aspekt ist der tägliche Vortrag des Zen-Lehrers, durch welchen die Praxis der Schüler verbessert werden soll.

Im Folgenden will ich mich vor allem auf die Ausführung des Zazen und die Koans spezifizieren, da diese einen sehr wichtigen Bestandteil in der Zen-Praxis einnehmen.

4.3.1 Zazen

Simpel ausgedrückt ist Zazen das teilweise stundenlange, regungslose Dasitzen in einer bestimmten Körperhaltung. Es gilt als einer der besten Wege bzw. Übungen um zur "Erleuchtung" zu gelangen.

1. Die Haltung:

Während des Zazen befindet man sich idealerweise im kompletten Lotussitz. Wenn dies aufgrund physischer Einschränkung jedoch nicht möglich ist, kann man als Alternative ebenfalls im Halb-Lotussitz, dem Burmesischen Sitz, dem Fersensitz oder auch auf einem Stuhl verweilen. Als Hilfsmittel wird häufig ein Sitzkissen ("Zafu") verwendet. Für alle Positionen, in denen Zen ausgeführt wird gilt, dass die Wirbelsäule aufrecht und der Atem völlig beruhigt seien soll. Die

Knien sollen Bodenkontakt haben (mit Ausnahme der Position auf einem Stuhl) und die Hände sind unterhalb des Nabels ineinander gelegt, wobei sich die Daumen gegenseitig berühren. Der Körper soll während der kompletten Zeit nicht bewegt werden und es soll ein harmonisches Gleichgewicht aus Spannung und Entspannung des Körpers entstehen. Die Augen sind geöffnet und sollen Richtung Boden gerichtet sein. Im Soto-Zen *(Kapitel 4.2.3)* sitzt man zusätzlich mit dem Gesicht zu einer Wand gerichtet, im Rinzai-Zen soll der Rücken zu einer Wand gerichtet sein.

2. Die Geisteshaltung

Durch die Selbstbeobachtung von Körper und Haltung (z.B. Konzentration auf die Atmung) soll eine Verbindung zum gegenwärtigen Augenblick entstehen. Alles soll mit größter Achtsamkeit wahrgenommen werden. Das heißt, dass Gedanken, äußere Einwirkungen (usw.) allesamt wahrgenommen, jedoch nicht weiter beachtet bzw. verfolgt werden sollen.

Da zwischen Körper und Geist eine Verbindung besteht, wird durch die bewegungslose Körperhaltung ebenfalls der Geist zur Ruhe gebracht, was zur Folge hat, dass sich der Gedankenstrom beruhigt. Anfängliche körperliche Schmerzen sowie andere ungewöhnliche Wahrnehmungen sollen zwar nicht unterdrückt, jedoch auch nicht weiter verfolgt bzw. beachtet werden. Dies soll zu einer Leere des Geistes führen aus welcher eine plötzliche bewusstseinserweiternde Erfahrung (oder Erleuchtung) auftreten kann *(Kapitel 4.4)*.

Zazen kann als eine Vorbereitung auf die Erleuchtung jedoch auch als die Erleuchtung selbst gesehen werden. In den traditionellen Zen-Klöstern gilt Zazen als grundlegende Praxis, welche von jedem Schüler regelmäßig ausgeführt werden soll.

Neben der Ausführung von Zazen sind weitere beliebte Methoden die Gehmeditation (Kinhin), die Textlesung (Rezitation), bei welcher wichtige Zen-Texte laut gelesen werden und die manuelle Arbeit ("Samu"), wobei es sich um das konzentrierte Tätig sein handelt. Dies kann beispielsweise beim Gemüse schälen oder anderen alltäglichen Tätigkeiten geschehen. Die Konzentration liegt im Augenblick und auf der Tätigkeit. Auch hier kann es zur Erleuchtung kommen. Man nennt diese Tätigkeit auch "Zen im Alltag".

4.3.2 Koans

Koans gelten als eine weitere wichtige Praxis des Zen. Sie sind kurze Anekdoten, welche eine beispielhafte Erfahrung eines Zen-Meisters wiederspiegeln bzw. darstellen. Sie erscheinen für den Laien vollkommen sinnlos und Paradox. Ihr Ziel ist es den Schüler zur Erkenntnis über die Erleuchtung bzw. der "Nicht- Dualität" des Seins *(Kapitel 4.4)* zu bringen. Da die Erleuchtung nicht in Worte zu fassen ist, erscheinen auch die Koans paradox und nicht rational. Die Koans werden in fünf verschiedene Klassen eingeteilt, welche den Schüler zur Erkenntnis über die Erleuchtung bringen sollen (Hierauf will ich jedoch nicht näher eingehen, da es für den restlichen Aufbau der Seminararbeit nicht relevant ist). Um eine genauere Vorstellung der Koans zu vermitteln, habe ich im Folgenden drei verschiedene Beispiele aufgelistet:

- *Frage: "Hat ein Hund Buddha- Natur?"*
  Antwort: "Mu!"
- *Frage: "Was passiert, wenn man meditiert?"*
  Antwort: "Nichts
- *Ein junger Mann trat vor Tao- Ksin:*
  "Bitte gebt mir einen Fingerzeig".
  Tao- Ksin hob die vor ihm liegende Tasse auf und fragte den Mann:
  "Wer hat die Tasse bewegt?"
- *"Wie klingt das Klatschen einer einzelnen Hand?"*[13]

4.3.3 Lebensweise in einem Zen-Kloster

Die Regeln eines Zen-Klosters sind aufgrund verschiedener Traditionen nicht überall gleich. Jedoch lassen sich alle Regeln auf Pai-Chang Huai-Hai zurückführen. Von ihm kommt der berühmte Spruch:

"Ein Tag ohne Arbeit ist ein Tag ohne Essen"[14], mit welchem er verdeutlichen will, dass die Einheit von Meditation, körperlicher Arbeit und Achtsamkeit in den alltäglichen Tätigkeiten liegen. Die strikten Regeln im Zen-Kloster sollen die Konzentration auf das Alltägliche richten, da sich die Erleuchtung im alltäglichen

---

[13] http://www.findyournose.com/koan-beispiele-paradox; am 01.04.2015.

[14] Buch:" Zen, Geschichte und Praxis"; S.110.

befindet *(Kapitel 4.4)*. Die Lebensweise in den verschiedenen Klöstern wurde durch die über die Jahre entstandenen unterschiedlichen Traditionen geprägt.

<u>Tagesablauf eines Zen-Klosters</u>

Der Klosteralltag ist in strikte Abläufe gegliedert. Durch diese strikte Aufteilung soll den Mönchen die Vergänglichkeit und die Kostbarkeit jedes Augenblickes erfahrbar gemacht werden. Mahlzeiten, Bad- und Toilettengang sowie Schlafgewohnheiten sind streng geregelt. Im Folgenden habe ich einen klassischen Klostertag wie er von Michael Brück beschrieben ist aufgelistet:

4.00 Uhr: Morgenglocke

4.15 Uhr: Räuchergang des Abtes

4.20 Uhr: Zazen

5.10 Uhr: Sutra- Rezitation (Sutra: Lehrtexte die das Wort Buddhas wiedergeben)

6.00 Uhr: Individuelle Rezitation

6.20 Uhr: Frühstück

7.00 Uhr: Manuelle Arbeit (Gartenpflege, Küchendienst etc.)

7.40 Uhr: Versammlung

9.00 Uhr: Bettelgang, Lehrvortrag, Schriftstudium, oder manuelle Arbeit

10.00 Uhr: Bettelgang, Zazen oder manuelle Arbeit

11.10 Uhr: Sutra- Rezitation

11.30 Uhr: Mittagessen

12.00 Uhr: Freizeit (Meist werden hier auch manuelle Arbeiten durchgeführt)

13.10 Uhr: Manuelle Arbeit

16.00 Uhr: Zazen oder Manuelle Arbeit

16.30 Uhr: Sutra- Rezitation

17.00 Uhr: Abendessen

17.30 Uhr: Bad

18.30 Uhr: Freizeit

19.30 Uhr: Zazen

21:00 Uhr: Löschen der Lichter, Schlaf [15]

Jeden Monat gibt es eine strikte Übungsphase (Sesshin), in welcher die Mönche im Kloster bleiben, meist schweigen und Zazen ausführen, welcher nur gelegentlich durch Rezitationen, Dokusan oder Kinhin unterbrochen wird und in welchem die Schlafzeiten verkürzt werden.

---

[15] Buch: "Zen, Geschichte und Praxis"; S.116.

4.4 Ziel des Zen-Buddhismus: Die "Erleuchtung"

Das einzige Ziel des Zen-Buddhismus (in seiner traditionellen, fernöstlichen Form) ist die Erleuchtung, oder wie sie im Zen-Buddhismus genannt wird: "Satori" (wörtlich: Verstehen).

Die Beschreibung des Phänomens ist jedoch genauso schwierig bzw. undefinierbar, wie die Antwort auf die Frage, Was Zen ist (*Kapitel 4.1*). Michael von Brück beschreibt "Satori" folgendermaßen[16]:

"Zen beansprucht, durch unmittelbare Einsicht in die Wirklichkeit das Rätsel von Leben und Tod im zeitfreien Augenblick einer geistigen Erfahrung direkt auflösen zu können"

Durch die Erleuchtung wird also die Wahrnehmung der Wirklichkeit verändert. Die "wahre Natur" der Wirklichkeit bzw. der Grund des Bewusstseins wird erfahren. Satori kann so gesehen auch mit Weisheit verglichen werden, durch welche man die Wirklichkeit so wahrnimmt, wie sie wirklich ist. Alle Wiedersprüche und "Dualitäten" sind aufgehoben. Der Geist ist frei von Gedanken und anderen Wahrnehmungen, was häufig auch als Leere bezeichnet wird. Erst durch diese Leere kann man vom "Ich" loslassen, weshalb ein klarer, "geleerter" Geist die Grundlage für Satori ist.

Mit der "Nicht- Dualität" wird im Buddhismus gemeint, dass der "nicht-erleuchtete" Mensch die Wirklichkeit verfälscht wahrnimmt, also getrennt bzw. in Dualität. Er hat eine subjektive Ansicht der Dinge, durch welche Stereotype erzeugt werden, die eine "realistische" Wahrnehmung der Wirklichkeit und eine Offenheit gegenüber der Gegenwart verhindern. Zazen *(Kapitel 4.3.1)* ist der direkteste Weg diese nicht- Dualität zu erreichen. Man soll nicht an Gedanken, Gefühlen, Wahrnehmungen oder Handlungen anhaften. Nicht zu denken heißt jedoch keinesfalls gedankenlos zu sein, sondern sich seiner Gedanken bewusst zu werden, diese jedoch nicht weiter zu verfolgen. Gedankenlosigkeit wäre genauso eine Dualität wie das Anhaften an Gedanken. Das "nicht- Denken" führt zu einer Bewusstseinsklarheit. In dieser gibt es keine dualistischen- Unterscheidungen (alles ist eins), es herrscht zeitloses Gegenwärtig sein und man verspürt absolutes Glück. Nach der Erleuchtung nimmt man die Umwelt mit neuer

---

[16] Buch: "Zen, Geschichte und Praxis"; S.7.

Klarheit wahr, alles bis dahin Unbegreifliche kann erfasst und verstanden werden. Man findet zum Ursprung des Lebens zurück und hat eine neue Einsicht in die wahre Natur der Dinge. Die Erleuchtung wird auch als Befreiung vom "Ich" oder von der Zeit beschrieben. Man erfährt sein tiefstes Selbst, ist befreit von Furcht bzw. Zweifel, da man die absolute Wirklichkeit erfährt. Die Erleuchtung an sich muss jedoch von jedem selbst erfahren werden und kann einem nicht durch ein Gespräch, einen Text oder einen Film klar gemacht werden.

Vor der Erleuchtung gibt es einen Bewusstseinszustand, welcher im Zen-Buddhismus als "Zanmai" bezeichnet wird. Er wird als Vorstufe der Erleuchtung angesehen. Man findet sich in einer tiefen Sammlung, rückt von der Außenwelt ab wobei sich das Zeitgefühl verändert bzw. komplett auflöst. Die Erleuchtung an sich ist in verschiedene Stufen unterteilt. Auf die erste Erleuchtung, welche als "Kensho" bezeichnet wird, folgt eine weitere noch tiefere Erfahrung der Wirklichkeit, welche die erste Erleuchtung vertieft. Der Weg zur Erleuchtung wird im Zen allgemein entweder durch Zazen oder Koans *(Kapitel 4.3.2)* beschritten. Auch möglich (aber eher ungewöhnlich) ist die Erleuchtung im "Alltäglichen- tun".

Im Folgenden habe ich zum Abschluss des Kapitels noch ein Zitat gestellt, welches meiner Meinung nach ebenfalls sehr "begreiflich" beschreibt, was "Satori" ist bzw. welche Auswirkungen es hat:

"Durch das Erlebnis des Satori ist dein Glaube dahin.

Du glaubst nicht mehr, dass du unsterblich bist,

Du glaubst nicht mehr, dass es Erleuchtung gibt,

Du glaubst nicht mehr, dass du für immer frei bist.

Du weißt es-, weil du es erlebt hast"[17]

5 Zen-Buddhismus im modernen Westen

5.1 Wieso wird im Westen meditiert?

Viele Menschen im "modernen Westen" erhoffen sich durch Meditation keine Erleuchtungen oder andere spirituelle Erfahrungen. Vielmehr liegt ihre Absicht zu

---

[17] http://www.zenseite.de/zen-unterweisungen/erleuchtung-satori/index.html; am 04.04.2015.

meditieren in den vielen Problemen, mit welchen der "moderne Mensch" zu kämpfen hat. Meditation soll die Erlösung von diesen Problemen sein. Bevor ich auf die eigentlichen Vorteile der Meditation eingehe, will ich zunächst die größten Probleme, welchen den modernen Menschen zum meditieren veranlassen auflisten:

1. Der "moderne Mensch" vergleicht sein Leben mit einem durch Medien erschaffenes Idealbild, welches als Maßstab für sein Leben gilt. Jedoch kann kaum nach diesem unrealistischen Maßstab gelebt werden. Die Folgen sind Enttäuschung, Stress, Furcht, Ärger Empörung, usw. Im Buddhismus wird dieses Problem folgendermaßen beschrieben: *"Wenn man nur das will, was man im Augenblick nicht hat führt das zu Leid und Unglück, man sollte sich vielmehr an dem erfreuen, was man im Augenblick hat."*[18]

2. Das Leben in der postmodernen Zeit und der ständige Wandel der Lebensumstände führen zu weiteren Problemen wie:
   - **Stress und Angst** durch ständige Anspannung und Furcht vor neuen Unglücken.
   - **Zersplitterung**, durch den häufigen Wechsel von Standorten, Liebespartnern, Beruf usw.
   - **Entfremdung**, durch geringes Gemeinschaftsgefühl der postmodernen Gesellschaft.
   - **Einsamkeit und Isolation**, durch immer geringeren Kontakt zu Bekannten, Globalisierung und Oberflächlichkeit
   - **Depression**, durch Einsamkeit, Entfremdung, Angst usw.
   - **Stressbedingte Krankheiten,** wie Spannungskopfschmerzen, Magenübersäuerung, usw.

Diese "modernen Krankheiten" sollen durch Meditation behandelt werden können. Dies wird durch bestimmte physiologische und psychologische Vorgänge erreicht:

Physiologische Vorteile:

- Verringerte **Herzfrequenz** während der Ausübung der Meditation
- Verringerter **Blutdruck**, zur Behandlung von Bluthochdruck
- Erholung von **Stress**
- Verstärkung der "**Alpha- Gehirnwellen**", welche für Entspannung verantwortlich sind
- Besseres **Zusammenspiel** zwischen rechter und linker **Gehirnhälfte**

---

[18] Buch: "Meditation für Dummies"; S.42.

- Senkung von **Cholesterinspiegel, Energieverbrauch** und **Sauerstoffbedarf**
- Langsameres und tieferes **Atmen**
- **Muskelentspannung**
- verringerte **Schmerzintensität**[19]

Psychologische Vorteile:

- Verbesserung des **Einfühlungsvermögens**
- Verbesserung der **Kreativität** und **Selbstverwirklichung**
- Verbesserung der **Konzentrationsfähigkeit**
- Verbesserte Klarheit bei **Wahrnehmungen** und verbesserte **Empfindsamkeit**
- Minderung der akuten und chronischen **Angst**
- Positive Auswirkungen bei **Suchtbehandlungen**[20]

Diese Effekte machen die Meditation im Westen besonders attraktiv und sind der Grundbaustein für viele Vorteile die mit der Meditation einhergehen. Einige davon habe ich im Folgenden aufgelistet:

- Der Gegenwärtige Augenblick wird als solcher wahrgenommen und empfunden.
- Man lernt sich selbst zu schätzen. Dies ist ein großes Problem des modernen Menschen, der ständig unzufrieden mit sich selbst ist.
- Beziehungen zu Mitmenschen werden verbessert
- Geist und Körper entspannen sich. Dies liegt daran, dass Geist und Körper miteinander zusammenhängen. Wenn der Geist durch die Meditation beruhigt wird entspannt sich auch der Körper.
- Man kann sich von Problemen distanzieren und sie von einer anderen Sichtweise angehen.
- Meditation wirkt leistungssteigernd. Sowohl im Sport als auch im Beruf oder in der Schule.
- Steigerung der Wertschätzung.

5.2 Wie gelangte der Zen-Buddhismus in den Westen?

5.2.1 Von Asien nach Europa und Amerika

1893 trat der Zen-Mönch Shaku Soen auf dem Weltparlament der Religionen in Chicago auf. Nach diesen Auftritt entstanden die ersten Zen-Zentren im Westen,

---

[19] Buch: "Meditation für Dummies"; S. 52- 54.

[20] Buch: "Meditation für Dummies"; S. 52- 54.

wobei Zen zunächst hauptsächlich in Amerika, später jedoch auch in Europa zu einer religiösen Institution wurde.

Mit dem Auftritt von Shaku Soen entstanden die ersten Zen-Zentren in Amerika, worauf große Zentren auf Hawai, New York, Boston usw. folgten. Zunächst wurde hauptsächlich der Rinzai- Zen *(Kapitel 4.2.3)* im Westen verbreitet, später folgten jedoch auch Zentren des Soto- Zen. Vor allem in den 60er Jahren des 20. Jahrhunderts hatte Zen einen großen Einfluss auf die religiöse Landschaft Europas und Amerikas.

In Europa war Zen in den 50er und 60er Jahren jedoch eher eine Protestbewegung der Mittelschicht gegen die christliche Bürgerlichkeit und den westlichen Materialismus. Nach den 60er Jahren fand Zen jedoch auch in anderen Schichten immer größere Beliebtheit und fand so beispielsweise als Therapiemöglichkeit, in der Wissenschaft, bei Managern und Anwälten eine immer größer werdende Beliebtheit. Bei der Übertragung des Zen in den Westen entstanden jedoch aufgrund der unterschiedlichen kulturellen Landschaften verschiedene Herausforderungen, die auch heute noch für ein anderes Bild des Zen im Westen sorgen:

- Die klösterlichen Traditionen wurden nun von Laien geleitet bzw. gewahrt, welche aufgrund ihres verschiedenartigen Lebensrhythmus nur schwer mit diesen mit diesem zurechtkamen bzw.-kommen.
- Die im traditionellen Zen-Buddhismus übliche Autorität der Zen-Lehrer konnte im Westen aufgrund anderer Werte bzw. Vorstellungen nur schwer durchgesetzt werden.
- Die ursprüngliche kulturelle Form des Zen kann nicht ohne Veränderung in die westliche Kultur eingesetzt werden, da die Unterschiede der verschiedenen Kulturen zu groß sind. Ähnliche Beobachtung konnte man bei der Einführung der Zen-Praxis in China anstellen. Der daraus entstandene chinesische "Chan" (siehe: Geschichte des Zen), wurde stark von der chinesischen Kultur geprägt.
- Die patriarchalische Tradition des Zen in Asien ist im westlichen Raum nicht auf gleicher Ebene durchsetzbar, was unter anderem an der Emanzipation der Frauen liegt.

- Verhältnisse des Zen zu anderen Religionen wie Christentum, Judentum aber auch anderen Buddhistischen Schulen, welche sich ebenfalls im Westen einbetteten.

Es entstanden nun Zen-Zentren welche zum Teil zurückgezogen in der Landschaft lagen und andere welche sich wohltätig organisierten. Zudem entstanden erste Zen-Kurse für Führungskräfte, was in der späteren Entwicklung eine immer größere Rolle spielen wird. Die Einführung des Zen in Europa kann ebenfalls als Grund für die Rückkehr der christlichen Mystik gesehen werden, da Zen aufgrund seiner Religionsoffenheit auch in der katholischen und evangelischen Kirche Anwendung fand. Zahlreiche Bücher wie beispielsweise der Bestseller "Zen in der Kunst des Bogenschießens" faszinieren in der westlichen Welt immer mehr Menschen.

5.2.2 Gründe für den Erfolg von Zen im Westen

Einer der wichtigsten Gründe für den Erfolg von Zen in jeder Kultur in der er sich etablierte ist seine Weltoffenheit:

Zen ist an keine sozialen Strukturen oder bestimmte Weltanschauungen gebunden und ist auch nicht unbedingt als Religion anzusehen bzw. ist nicht unbedingt an den Buddhismus als Religion gehaftet. *Michael Brück bringt dies so zum Ausdruck: "[...] Zen ist eine Meditationspraxis, die [...] die menschliche Grundkonstruktion des Leibes und des Atmens zum Ausgangspunkt nimmt, um das Bewusstsein zu konzentrieren und zu einer tiefen geistigen Erfahrung zu führen."[21]*

Mit dieser Aussage verdeutlicht er, dass Zen aufgrund seiner Eigenschaften und seiner Praxis von jedem Menschen ausgeführt werden kann, ohne das hierbei religiöse Absichten vorhanden seien müssen, sondern vielmehr das Ziel einer bewusstseinserweiternden Erfahrung.

Dies macht Zen ebenfalls für viele Religionen offener, weshalb unter anderem im Christentum Zen als anerkannte Praxis ausgeübt wird.

Zu diesem Grund kommt das hohe Interesse im Westen an heilenden Therapien gegen Probleme welche im Kapitelabschnitt 5.1 aufgelistet sind. Dies

---

[21] Buch: "Zen, Geschichte und Praxis"; S.7.

führt zu einer Instrumentalisierung von Zen (z.B. als Therapiemittel oder zur Konzentrationssteigerung), was jedoch zur Folge hat, dass die inneren Werte des Zen in den Hintergrund treten und Zen somit vielmehr als eine reine "Methode" betrachtet wird. Hinzu kommt die kommerzielle Ausnutzung der Zen-Praxis.

Willigis Jäger behauptet, dass jedoch genau dies nicht änderbar ist. Lediglich die Grundidee des Zen und die Methode an sich werden in Europa bestehen bleiben, jedoch nicht die buddhistische Tradition dahinter. Vielmehr wird sich der Zen-Buddhismus bzw. in diesem Fall nur noch Zen an die westliche Kultur anpassen.

5.3 Ziel und Auswirkungen von Zen im Westen

5.3.1 Hypothese

Zur Einleitung dieses Kapitels, will ich um einen ersten Eindruck der Gründe aus welchen im Westen meditiert bzw. Zazen ausgeführt wird, ein Zitat aus einer Internetseite, wie man sie findet wenn man lediglich als Suchbegriff "Zen-Kurs" auf *Google* eingibt, aufzeigen:

"Heute entdecken immer mehr Menschen im Westen Zen-Meditation als einen Weg, um inmitten der täglichen Anforderungen von Beruf und Familie gesund und leistungsfähig zu bleiben. Meditation hilft, eine wirksame Stressbalance zu finden, mehr Kraft, Klarheit und Konzentration auf das Wesentliche.

Nicht mehr die sich stetig verstärkende Wechselwirkung von Überspannung und Erschöpfung steht im Zentrum des Erlebens, sondern ein ausgewogenes Verhältnis von Anspannung und Entspannung die rechte Spannung für die jeweilige Herausforderung. Daraus kann sich mit fortschreitendem Training ein eigener, persönlich gesteuerter Generator herausbilden, der es ermöglicht, Kraft aus Gelassenheit zu schöpfen."[22]

Aus diesem Text will ich nun eine Hypothese ableiten die ich über den Verlauf des Kapitels überprüfen werde:

Dieser Text gibt klar und deutlich einige der Gründe an, wieso sich Menschen im Westen auf die Zen-Meditation einlassen: Sie nutzen Zen als Therapie, aufgrund positiver körperlicher Auswirkungen und des Weckung positiver "Kräfte"

---

[22] http://www.zen-leadership.de/warum_zen.html; am 12.04.2015.

durch Zen (z.B. im Beruf). Diese Ziele haben im Grunde nichts mehr mit der ursprünglichen Idee des Zen-Buddhismus zu tun.

5.3.2 Recherche im Internet

Die kommerzielle Ausnutzung von Zen spielt im Westen auf jeden Fall eine große Rolle. Wie im Kapitel: "Warum wir im Westen meditieren" bereits dargestellt, häufen sich in der westlichen Welt immer mehr psychische Probleme, es wird eine immer größere Leistungsfähigkeit im Beruf verlangt und es entstehen zudem Individualitätsprobleme.

Daraus entstehen drei Hauptgründe bzw. Ziele, warum Zen im Westen angewendet wird:

- Therapeutische Maßnahmen: Zen als Hilfe gegen Depressionen und andere psychische Krankheiten
- Leistungssteigerung: Verbesserung der Konzentration und Effektivität im Beruf und im Alltag
- Attraktivitätssteigerung: Westliche Glaubensrichtungen werden durch Meditationsangebote wieder attraktiver

Koun- An Dom Chiko[23] kritisiert diese Ziele und benennt sie als "Sekundärziele" des Zen, durch welche dieser zum, von ihm so genannten "Bindestrich- Zen" wird. Unter dem Begriff "Bindestrich- Zen" sind hier die Ziele im Westen gemeint, welche von der ursprünglichen Idee des Zen-Buddhismus abweichen. Einige Beispiele hierfür sind im Folgenden aufgelistet:

1. Business- Zen   3. Wellness- Zen   5. etc.

2. Therapie- Zen   4. Ökologie Zen

Schon sehr früh, nachdem Zen in Europa und Amerika an Einfluss gewann, entwickelten sich Zen-Kurse für Führungskräfte, die auch heute noch in zahlreichen Betrieben angeboten werden.

Zen ist zudem auch ein sehr attraktives Angebot im Westen, da man sich während des Zazen (*Kapitel 4.3.1*) von allem "Nicht- Gegenwärtigem" lösen soll

---

[23] http://de.wikipedia.org/wiki/Zen#Zen_im_Westen; am 12.04.2015.

und somit leichter von Vergangenem (Tod, Schulden, etc.) und Zukünftigem (Ängste, Stress, etc.) loslassen kann, was zu Entspannung führt.

Nach einer Befragung einzelner Zen-Meditierender, welche im Internet zu finden ist, werden die oben aufgelisteten Fakten nur zum Teil bestätigt. Zum einen suchen die Menschen, die Zen ausführen so etwas wie eine "Flucht" aus dem Alltag (Zum Beispiel bei gesundheitlichen Problemen, Stress im Haushalt, Stress in der Arbeit, etc.) zum anderen aber auch die Beantwortung anthropologischer Fragen (Zum Beispiel: Was ist der Sinn des Lebens?, Wo bin ich zu Hause? etc.). Hier sind also bereits Parallelen zum traditionellen Zen - Buddhismus zu finden, welcher sich ebenfalls mit Fragen wie dem "Sinn des Lebens" auseinandersetzt.

5.3.3 Umfrage

Die soeben genannten Aussagen ergaben meine Recherchen im Internet und in Büchern. Zusätzlich zu diesen Recherchen habe ich jedoch noch eine eigene Umfrage an verschiedene Zen-Zentren in Süddeutschland[24] gesendet und die zurückgesendeten Fragebögen ausgewertet. Aufgrund zeitlicher Probleme wurden mir lediglich sieben Umfragebögen zurückgeschickt, weshalb eine statistische Auswertung keinen qualitativen Aussagen ergibt. Deshalb werde ich mich im Folgenden hauptsächlich mit den Teilnehmern, Zielen und Auswirkungen, die in der Umfrage genannt wurden auseinandersetzen.

- Teilnehmer
  Die meisten Teilnehmer sind männlich, zwischen 30 und 50 Jahren alt, teilweise auch älter und meditieren bereits seit mehreren Jahren (zwischen sechs und 25 Jahren).
  Alle Teilnehmer führen Zen mindestens einmal pro Tag zwischen 20 Minuten und drei Stunden aus. Dazu kommen bei manchen Teilnehmern ebenfalls Kurse im Dojo.

- Definition
  Anhand der einzelnen Definitionen kann man erkennen, wie sehr sich die einzelnen Teilnehmer mit dem Zen-Buddhismus auseinandergesetzt haben. Hier ist überraschender Weise aufgefallen, dass die meisten

---

[24] http://www.zen-guide.de/zen/zentren/ ; am 12.04.2015.

Teilnehmer ein gutes Verständnis des Zen-Buddhismus haben da sich die "Undefinierbarkeit" des Begriffes in ihren Definitionen wiederspiegelt:

"Kann- oder besser Soll- man nicht, ist irrelevant. Ein Versuch der nicht von mir stammt: "Das torlose Tor""

Lediglich ein Teilnehmer (Mathematiker) hat eine eher rationale logische Definition angegeben:

"Traditionelles, japanisches, buddhistisches Meditationssystem. Sehr direkt, keine Umwege."

- Ziele und Gründe

Anders als durch meine Internetrecherche erwartet, haben viele der Teilnehmer weniger ein Interesse daran, sich von Stress und Alltagsproblemen zu lösen, sondern sehen dies als Sekundärziele bzw. "positiven Nebeneffekt" an. Vielmehr führen sie Zen aus um zur Lösung anthropologischer, teleologischer und auch metaphysischer Fragen zu gelangen. Einige Beispiele hierfür waren Fragen bzw. Aussagen wie: *"[...] das Gefühl, dass ich etwas Grundlegendes im Leben nicht verstanden habe und mir alles viel zu kompliziert mache. [...]"; "[...] die Frage von Leben und Tod zu erforschen"; [...] was die Welt im Innersten zusammen hält [...]".*Ein Teilnehmer will mit Zen die Buddha- Lehre selbst erfahren. Nur wenige haben als direktes Ziel, Stress abzubauen bzw. sich vom Alltag zu entfernen und zur Ruhe zu finden angegeben.

Die Teilnehmer haben sich, aufgrund der Einfachheit, der Direktheit und dem Schwerpunkt auf der Meditation, von Zen für diese Meditationstechnik entschieden. Teilweise auch, da der Zen-Buddhismus etwas Unbekanntes, Nicht-Begreifliches ist und somit auch aus Neugier.

- Auswirkungen

Im Alltag wirkt sich Zen laut den meisten Teilnehmern entspannend aus und sorgt für eine größere Gelassenheit und ein stärkeres Selbstbewusstsein. Ein weiterer Aspekt war, dass man durch Zen keine Angst mehr hat, Dinge zu verlieren, die man bereits besitzt. Dies liegt daran, dass Zen sich im gegenwärtigen Augenblick abspielt. Das heißt Zukunft und Vergangenheit sowie die damit verbundenen Ängste und Sorgen werden ausgeblendet.

Zudem haben fast alle Teilnehmer angegeben, Probleme besser akzeptieren zu können. Es fällt ihnen leichter sich Problemen zu stellen und diese aus einer objektiveren Sichtweise zu lösen.

Die Zeit nehmen die Teilnehmer auf zwei verschiedene Arten war. Zum einen stark schwankend, von sehr schnell vergehend wenn die Konzentration und die innerliche Ruhe groß sind bis hin zu extrem langsam, wenn die Konzentration gering ist. Zum anderen geben einige Teilnehmer an, dass sich die zeitliche Wahrnehmung nicht verändert bzw. die Zeit während Zen keine Rolle spielt.

5.3.4 Fazit

Die zu Beginn aufgestellte Hypothese ist zum Teil zu akzeptieren, teilweise jedoch auch etwas übertrieben. Wie ich während meiner Recherche im Internet herausfand, sind einige Gründe wieso Zen im Westen praktiziert wird auf jeden Fall, die Leistungssteigerung im Beruf, Psychotherapie, die Flucht aus dem Alltag, etc. Jedoch wurden in meiner Umfrage andere Gründe und Ziele deutlich. Neben Entspannung, Stressabbau, usw. wollen die Befragten Antworten auf philosophische Grundfragen des Lebens wie "Warum lebe ich?"erhalten. Hier ist eine deutliche Tendenz zu der Ursprünglichen Idee des Zen-Buddhismus zu erkennen, bei der ebenfalls nach der absoluten Wirklichkeit und der Antwort auf unbegreifliche Fragen gesucht wird.

Allerdings ist zu erwähnen, dass ich die Umfrage an Zen-Zentren geschickt habe, die sich stärker mit der Tradition des Zen-Buddhismus befassen und nicht etwa an ein Zen-Zentrum für Manager, die dies ausschließlich zur Leistungssteigerung tun.

Schlussfolgerungen

Ich habe nun alle wesentlichen Aspekte, die Aufschluss darüber geben können, wie die Zen-Meditation mit der Zeit verbunden aufgelistet.

Aber was hat Zen denn nun überhaupt mit Zeit zu tun? Obwohl ich nur an manchen Stellen einen direkten Bezug zum Thema Zeit an sich beschrieb, ist nahezu der komplette Hauptteil mit Begriffen, welche aus der selben Wortfamilie wie das Wort "Zeit" stammen durchzogen. Folgende Formulierung tritt dabei am häufigsten auf: Der "gegenwärtige Augenblick". Dies ist eine der wichtigsten Formulierungen der kompletten Seminararbeit, bezogen auf das Leitthema Zeit. Zen bzw. Zazen findet im gegenwärtigen Augenblick statt. Dies ist nicht nur im traditionellen Zen-Buddhismus der Fall sondern auch in der modernisierten westlichen Form des Zen-Buddhismus.

Bezogen auf diese Formulierung kann man den ersten Teil meiner Leitfrage ob Zeit überhaupt eine Rolle im Zen-Buddhismus spielt auf zwei Arten beantworten. Zum einen mit Nein zum anderen jedoch auch mit Ja. Im gegenwärtigen Augenblick, soll Zeit überhaupt keine Rolle spielen, man soll zeitlos sein und das Gegenwärtige wahrnehmen. Jedoch ist genau das auch der Grund weshalb die Frage ebenfalls mit Ja beantwortet werden kann. Wenn Zeit keine Rolle spielt, genau dann besteht ein Bezug zur Zeit. So kann man sagen, dass der Zusammenhang von Zen zur Zeit darin besteht, dass während Zen absolute Zeitlosigkeit herrschen soll.

Der zweite Teil meiner Leitfrage, ob der Zusammenhang zwischen Zen und der Zeit in der westlichen (modernisierten) und fernöstlichen (traditionellen) Form der Selbe oder ein Unterschiedlicher ist, ist etwas schwieriger zu beantworten. Hier ist die Frage, welcher Zusammenhang zwischen der Zeit und den jeweiligen Zielen in den verschiedenen Kulturen besteht.

In der traditionellen Form des Zen-Buddhismus suchen die Meditierenden nach Erlösung bzw. Satori, um so die Wirklichkeit, wie sie wahrhaftig ist zu erfahren. Ihr Verweilen im gegenwärtigen Augenblick und das vorbeischweifen lassen und nicht anhaften an jeglichen Sinneseindrücken hilft ihnen, "Klarheit" und "Leere" in ihrem Bewusstsein zu erlangen. Diese benötigen sie um daraus jede Dualität des Lebens aufzugeben und so zur Klarheit über die wirkliche Natur der Dinge zu gelangen.

Die Rolle der Zeit bzw. der Zeitlosigkeit im traditionellen Zen-Buddhismus ist also sehr groß. In jeder Tätigkeit sollen die Konzentration und die Achtsamkeit im gegenwärtigen Augenblick liegen. Sei es während Zazen, während des Bogenschießens oder während der Gartenarbeit. Das ganze Leben eines Zen-Mönchs, ist darauf ausgerichtet, den Augenblick so zu erleben wie er tatsächlich ist und seine Kostbarkeit zu erkennen.

Die meisten Menschen, die Zen in seiner modernisierten Form ausführen, tun dies um sich vom Alltagsstress, Ängsten, Krankheiten, Depressionen usw. zu lösen. Der Meditierende will dabei auch in einen Zustand der Zeitlosigkeit kommen, jedoch um im gegenwärtigen Augenblick die Zukunft und die Vergangenheit und die damit verbundenen Ängste und Sorgen zu verlieren.

Ein weiterer Grund ist sich im Gegenwärtigen Augenblick voll und ganz auf eine Sache (z.B. bei der Arbeit) konzentrieren zu können und dabei nicht von anderen Dingen abgelenkt zu werden.

Manche Zen-Praktizierenden haben jedoch ähnlich wie im traditionellen Zen-Buddhismus ebenfalls das Ziel durch die Zeitlosigkeit zu einer Art Erleuchtung zu kommen und hierbei ebenfalls Klarheit über Fragen zu erlangen, die man sich durch rationales, "westliches Denken" nicht erklären kann.

Zusammenfassend kann man sagen, dass die Zeitwahrnehmung und die Rolle der Zeit in beiden Kulturen die Gleiche ist. Die Auswirkung der Zeit auf das Ziel bzw. das Ziel, dass durch die Zeitwahrnehmung erreicht werden soll ist in den Kulturen größtenteils unterschiedlich.

Frage zum Thema Zen-Buddhismus bzw. Meditation gibt es nahezu unendlich viele. Kann die Meditation auch schlechte Auswirkungen haben?; welche Veränderungen finden durch Meditation im menschlichen Gehirn statt?; oder kann man tatsächlich Zeitlos sein? Um alle Fragen über Zen zu beantworten muss man wohl die Erleuchtung selbst erfahren haben, da unser rationales Denken für einen genauen Sachverstand von Zen zu beschränkt ist.

Literaturverzeichnis

Literatur:

Bodian, Stephan: Meditation für Dummies, 2. durchgesehene Auflage, Weinheim 2007.

Böhnisch, Eckart/ Boos, Gerhard/ Brutscher, Cornelia/ Faber, Susanne/ Hinz-Köhler, Monika/ Kälble, Willy/ Klüppel, Theodor/ Leibinger, Helmut/ Leibinger, Paul/ Meissner, Angelika/ Musterle, Alfons/ Peternek, Günther/ Phillip, Helmut/ Rueß, Karl/ Schelling, Martin/ Schmidt, Bettina/ Schönbein, Ludwi:Wege der Freiheit 11. Unterrichtswerk für Katholische Religionslehre an Gymnasien, 1. Auflage, Stuttgart 1998.

Mandy, Oaklander: Mini Meditators, in: Time (2015), VOL. 185, Nr. 5, S. 45

Clément, Catherine: Theos Reisen. Roman über die Religion der Welt, übersetzte Auflage, München, Wien 1998.

Von Brück, Michael: Zen, Geschichte und Praxis, 2. durchgesehene Auflage, München 2004.

Internetquellen:

Achtsamkeit, Einleitungssatz, in: Wikipedia, unter: http://de.wikipedia.org/wiki/Achtsamkeit (aufgerufen am 31.03.2015)

Brenner, Helmut: Meditation. Seinserfahrungen mittels achtsamer Innenschau (mit Entspannungspotenzial), in: Deutsche Gesellschaft für Entspannungsverfahren, unter: http://www.dg-e.domainfactory-kunde.de/index.php?id=44 (aufgerufen am 03.02.2015)

Buddhismus. Siddhartha Gautama, in: Wikipedia, unter: http://de.wikipedia.org/wiki/Buddhismus#Siddhartha_Gautama (aufgerufen am 30.03.2015)

Chan, Geschichte, in: Wikipedia, unter: http://de.wikipedia.org/wiki/Chan (aufgerufen am 31.03.2015)

Crépon, Pierre: Meister Taisen Deshimaru und die Verbreitung des Zen in Europa, in: meditation- zen.org, unter: http://www.meditation-zen.org/de/deshimaru-zen-europa (aufgerufen am 18.02.2015)

Der Ursprung der Meditation, in: Allmystery, unter: http://www.allmystery.de/artikel/meditation_geschichte.shtml (aufgerufen am 27.01.2015)

Der Weg des Buddha- Doku 2014 in HD, in: Youtube (2014), unter: https://www.youtube.com/watch?v=LyadAjiQe8E (aufgerufen am 01.04.2015)

Die vier Ausfahrten Buddhas, in: ARCOR, unter: http://home.arcor.de/tantram/buddha/#Ausfahrten (aufgerufen am 12.04.2015)

Die Zazen- Haltung, in: Association Buddhiste Zen d'Europe, unter: http://www.abzen.eu/de/accueil/la-posture (aufgerufen am 18.02.2015)

Duden: Kontemplation. Bedeutung, in: Duden, unter: http://www.duden.de/rechtschreibung/Kontemplation (aufgerufen am 04.04.2015)

Enomiya Lassalle, Hugo M.: Schwerpunkt: Einübung in die Zen-Meditation, unter: http://www.vaticarsten.de/theologie/liturgie/zen-meditation-knoll.pdf (aufgerufen am 12.04.2015)

Erleuchtung- Satori, in: www.zenseite.de, unter: http://www.zenseite.de/zen-unterweisungen/erleuchtung-satori/index.html (aufgerufen am 04.04.2015)

Faure, Taiun: Der Ursprung des Zen-Buddhismus, in: meditation- zen.org, unter: http://www.meditation-zen.org/de/ursprung-zen-buddhismus (aufgerufen am 18.02.2015)

Genshin Strim, Laurent: Zen in japan, in: meditation-zen.org, unter: http://www.meditation-zen.org/de/zen-japan (aufgerufen am 18.02.2015)

Geschichte der Meditation, in: ABST, unter: http://www.abst-web.de/geschichte-der-meditation (aufgerufen am 30.03.2015)

Interviews mit Zen-Praktizierenden, in: Association Buddhiste Zen d'Europe, unter: http://www.abzen.eu/de/zen-und-gesellschaft/237-entretiens-avec-des-pratiquants-du-zen (aufgerufen am 06.04.2015)

Koan, in: Wikipedia, unter: http://de.wikipedia.org/wiki/K%C5%8Dan (aufgerufen am 01.04.2015)

Konzentration (Psychologie), Einleitungssatz, in: Wikipedia, unter: http://de.wikipedia.org/wiki/Konzentration_(Psychologie) (aufgerufen am 31.03.2015)

Meditation, Einleitungssatz, in: Wkipedia, unter: http://de.wikipedia.org/wiki/Meditation (aufgerufen am 04.01.2015)

Meditation. Religiöse Wurzeln, in: Wikipedia, unter: http://de.wikipedia.org/wiki/Meditation#Religi.C3.B6se_Wurzeln (aufgerufen am 30.03.2015)

Meditation. Techniken, in: Wikipedia, unter: http://de.wikipedia.org/wiki/Meditation#Techniken (aufgerufen am 04.04.2015)

Powels, Samarpan: Beispiele für Koans, in: FindYourNose, unter: http://www.findyournose.com/koan-beispiele-paradox (aufgerufen am 01.04.2015)

Remmert, Günter: Was geht der Osten den Westen an? Zur Faszination der Zen Meditation, unter: http://www.seminarhaus-schmiede.de/pdf/was-geht-der-osten.pdf (aufgerufen am 06.04.2015)

Satori, in: Wikipedia, unter: http://de.wikipedia.org/wiki/Satori (aufgerufen am 04.04.2015)

Scheid, Bernhard: Zen-Buddhismus, in: Religion in Japan (2015), unter: https://www.univie.ac.at/rel_jap/an/Geschichte:Zen (aufgerufen am 31.03.2015)

Upanishaden. Historischer Kontext und Bedeutung, in: Wikipedia, unter: http://de.wikipedia.org/wiki/Upanishaden#Historischer_Kontext_und_Bedeutung (aufgerufen am 30.03.2015)

Vier Edle Wahrheiten, in: Wikipedia, unter: http://de.wikipedia.org/wiki/Vier_Edle_Wahrheiten (aufgerufen am 30.03.2015)

Wang- Genh: Olivier: Chan- Buddhismus in China, in: meditation- zen.org, unter: http://www.meditation-zen.org/de/chan-buddhismus-china (aufgerufen am 18.02.2015)

Was ist Zen?, in: Association Buddhiste Zen d'Europe, unter: http://www.abzen.eu/de/accueil/quest-ce-que-le-zen--mainmenu-28 (aufgerufen am 18.02.2015)

Welche Meditationsarten gibt es?, in: BinauralBeats.de, unter: http://www.binauralbeats.de/meditation/meditationsarten (aufgerufen am 04.04.2015)

Zazen. Körperhaltung. Geisteshaltung, in: Wikipedia, unter: http://de.wikipedia.org/wiki/Zazen (aufgerufen am (01.04.2015)

Zazen, Meditation im sitzen, in: meditation. zen.org, unter: http://meditation-zen.org/de/zazen-sitzmeditation (aufgerufen am 01.04.2015)

Zen-Erfahrungen, in: Meditation in Heidelberg, unter: http://www.wege-der-stille-hd.de/tag/zanmai/ (aufgerufen am 12.04.2015)

Zen, in: Wikipedia, unter: http://de.wikipedia.org/wiki/Zen (aufgerufen am 18.02.2015)

Zen-Zentren, in: Zen-Guide Deutschland, unter: http://www.zen-guide.de/zen/zentren/ (aufgerufen am 11.04.2015)

Ziele. Warum Zen, in: Zen leadership Akademie, unter: http://www.zen-leadership.de/warum_zen.html (aufgerufen am 05.04.2015)

BEI GRIN MACHT SICH IHR WISSEN BEZAHLT

- Wir veröffentlichen Ihre Hausarbeit,
  Bachelor- und Masterarbeit

- Ihr eigenes eBook und Buch -
  weltweit in allen wichtigen Shops

- Verdienen Sie an jedem Verkauf

Jetzt bei www.GRIN.com hochladen
und kostenlos publizieren